Gilles Leclair

Du Cénacle à la Pentecôte

Gilles Leclair

Du Cénacle à la Pentecôte

Méditations du Chemin de la Croix et du Chemin de la Lumière

Éditions Croix du Salut

Cover image: www.ingimage.com

Publisher:
Éditions Croix du Salut
is a trademark of
Dodo Books Indian Ocean Ltd., member of the OmniScriptum S.R.L Publishing group
str. A.Russo 15, of. 61, Chisinau-2068, Republic of Moldova Europe
Printed at: see last page
ISBN: 978-620-3-84181-7

TABLE DES MATIÈRES

PRÉSENTATION GÉNÉRALE

La tradition de méditer la Passion du Christ sur le chemin de la Croix s'est développée au cours des siècles. En effet, peu après la cessation des persécutions, en 313, sous l'empereur Constantin, les chrétiens voulaient se retrouver, chaque année, à Jérusalem, la semaine de la Passion du Christ. Ils marchaient ainsi sur le chemin que celui-ci avait parcouru au cours des jours qui ont précédé l'événement de la Passion/Mort/Résurrection.

Puis au cours du XIIIe siècle, les Franciscains ont commencé à accompagner les pèlerins sur la *Via Dolorosa* (littéralement « route douloureuse » en français), pour méditer la Passion du Christ. Vers le XIVe siècle, ils ont eu l'idée de transposer cet exercice spirituel à l'ensemble des fidèles et, ainsi, permettre aux pauvres et à ceux qui ne pouvaient faire le voyage en Terre Sainte de pouvoir accomplir une démarche similaire.

Au cours du temps, le nombre et les thèmes des stations ont varié largement, entre sept et plus de trente. C'est au XVIIIe siècle que le Saint-

Siège a promu officiellement cette formule et a fixé le nombre de stations à quatorze.[1]

Cependant, il n'existe aucune règle stricte qui interdirait de modifier ce nombre ou les thèmes médités. D'ailleurs, au tournant du concile Vatican II, est apparu un chemin de Croix qui débute avec la Cène du Seigneur et se termine avec sa Résurrection; d'autres ont ajouté une quinzième station au chemin de la Croix qui débute avec la condamnation à mort, pour justement inclure la Résurrection. En 1991, saint Jean-Paul II a, pour sa part, remplacé cinq des stations traditionnelles, qui ne sont pas collées sur les textes bibliques, par des thèmes entièrement bibliques.

Aussi, vers 1988, une nouvelle forme de « chemin » a commencé à se développer. Un exercice spirituel qui nous invite à méditer le Mystère pascal: le Chemin de la Lumière (*Via Lucis*, en latin). Généralement, la méditation comporte aussi quatorze « stations », mais celles-ci sont basées sur les événements rapportés dans les récits évangéliques post-résurrection

---

[1] Ces trois premiers paragraphes ont été fortement inspirés d'un texte paru sur le site internet de l'Église Catholique en France : https://eglise.catholique.fr/approfondir-sa-foi/la-celebration-de-la-foi/les-grandes-fetes-chretiennes/careme-et-paques/370612-quelle-est-lorigine-du-chemin-de-croix-dans-leglise-catholique/, consultation du 21 décembre 2020.

et les premiers versets du livre des Actes des Apôtres. C'est donc à partir de la Résurrection que nous cheminons jusqu'à la Pentecôte.

Lors de la préparation des célébrations du *triduum* pascal[2] à la paroisse où je suis impliqué depuis quelques années, on m'a demandé de composer un texte qui serait utilisé le vendredi saint, en soirée. Afin d'offrir une occasion aux personnes qui, à cause de leurs obligations professionnelles, ne pourraient pas participer à l'office de la Passion en après-midi, un temps de réflexion. Je me suis donc mis au travail et j'ai composé ce qui suit. Le vicaire avec qui j'ai collaboré à la réalisation de ce projet a ajouté un autre défi à cette première demande. Il m'a alors demandé si j'avais le goût de composer un texte de méditation pour un chemin de la Lumière. J'ai donc accepté de relever ce nouveau défi.

Plusieurs personnes ayant eu l'occasion de vivre ces deux célébrations ont suggéré que je publie ces textes. C'est donc avec joie et humilité que j'ai décidé de donner suite à cette suggestion et vous tenez maintenant dans vos mains le résultat de cette aventure.

---

[2] Le *triduum* pascal est l'ensemble des trois jours (*triduum*, en latin) comprenant le jeudi saint (où nous célébrons la Dernière Cène du Seigneur), le vendredi saint (où nous célébrons la Passion du Christ) et la veillée pascale (où nous célébrons la résurrection dans la nuit du samedi saint au dimanche de Pâques).

Dans la première partie de cet ouvrage, vous trouverez le texte de méditation du chemin de la Croix où nous suivons Jésus sur le chemin qui le mena du Cénacle au Jardin de la résurrection. En seconde partie, se trouve le texte de la méditation du Chemin de la Lumière, qui débute au Jardin de la résurrection, pour nous ramener au Cénacle, lors de l'événement de la Pentecôte.

Les textes bibliques sont tirés de la traduction officielle de la liturgie disponible en ligne sur le site internet de l'Association Épiscopale Liturgique pour les pays Francophones (AÉLF)[3].

Puissent ces lignes vous aider à intérioriser chaque étape de cette route empreinte de mystère et de grandeur.

Bonne méditation!

---

[3] Association Épiscopale Liturgique pour les pays Francophone, https://www.aelf.org/bible, consultation entre le 1er février et le 3 mars 2021.

CHEMIN DE LA CROIX

PRÉSENTATION

J'ai choisi de suivre les stations de la nouvelle tradition, qui fait débuter la méditation au Cénacle, pour la terminer au matin de la Résurrection.

Les stations que nous suivrons donc ici sont les suivantes :

1. Le Dernier repas
2. La prière à Gethsemani
3. La comparution devant le Sanhédrin
4. Jésus comparaît devant Pilate
5. La flagellation et le couronnement d'épines
6. Le portement de la croix
7. Le Cyrénéen
8. Les femmes de Jérusalem
9. Le dépouillement et le crucifiement
10. Le Bon larron
11. Marie et Jean au pied de la croix
12. La mort sur la croix
13. Le Sépulcre neuf
14. La Résurrection

INTRODUCTION

Aujourd'hui, nous relirons, dans les récits évangéliques, le chemin que Jésus a parcouru dans les dernières heures de son séjour terrestre. Nous le suivrons depuis le dernier repas qu'il a partagé avec ses disciples, jusqu'au matin de sa résurrection.

Nous méditerons quatorze stations, quatorze étapes, sur ce chemin douloureux et empreint de mystère. Mystère que ses contemporains n'ont pas vraiment compris, que ses disciples ont dû méditer et intérioriser pour y trouver du sens. Mystère qu'encore aujourd'hui, nous avons parfois de la difficulté à bien saisir.

Après avoir visité les récits que nous en ont livrés les évangélistes, nous tenterons d'actualiser ces événements. Nous nous arrêterons un moment pour voir comment ces événements peuvent inspirer notre vie de tous les jours, comme disciples du Christ vivant deux millénaires plus tard.

Forts de ces réflexions, nous ferons preuve d'humilité devant le Seigneur. Nous reconnaîtrons que nous avons besoin de sa miséricorde et de son Esprit pour mieux vivre notre mission de baptisé/e/s.

PREMIÈRE STATION – LE DERNIER REPAS

Texte biblique

Dans son récit évangélique, Jean écrit :

Quand il leur eut lavé les pieds, il reprit son vêtement, se remit à table et leur dit: « Comprenez-vous ce que je viens de faire pour vous? Vous m'appelez "Maître" et "Seigneur", et vous avez raison, car vraiment je le suis. Si donc moi, le Seigneur et le Maître, je vous ai lavé les pieds, vous aussi, vous devez vous laver les pieds les uns aux autres. C'est un exemple que je vous ai donné afin que vous fassiez, vous aussi, comme j'ai fait pour vous. »

(Jn 13,12-15)

Réflexion

Les disciples réunis autour de leur Rabbi s'attendaient à vivre avec lui le repas traditionnel de la Pâque juive, ce repas rituel qu'ils avaient vécu chaque année, depuis leur tout jeune âge.

Et voici que Jésus ne suit pas le rituel traditionnel. Il a déjà prononcé des paroles nouvelles lors de la bénédiction du pain. Il fera de même lors du partage de la coupe.

Et voici qu'il brise les habitudes et se fait humble et simple serviteur. Il s'abaisse, lui le Maître, pour laver les pieds de ses disciples et les enjoint de faire de même en sa mémoire.

Actualisation

Et moi, aujourd'hui, ai-je tendance à chercher à faire valoir mon autorité, mon statut privilégié?

Ai-je tendance à m'élever, en mettant en évidence mes titres, mes diplômes et mes « bons coups »?

Ou ai-je l'humilité de réaliser que je suis appelé/e, en tant que disciple du Christ, à mettre mon savoir et mes compétences au service de mes frères et sœurs en humanité?

Est-ce que je suis conscient/e que ma mission de baptisé/e est de témoigner de ma foi en Jésus Christ auprès de toutes les personnes qui me côtoient dans ma vie quotidienne, et non pas seulement à celles qui partagent mes activités à l'église?

Moment d'humilité

Pour nos manques d'humilité, Seigneur, prends pitié de nous.

Lorsque nous cherchons à nous élever au-dessus des autres, ô Christ, prends pitié de nous.

Quand nous négligeons de nous mettre au service des autres, Seigneur, prends pitié de nous.

DEUXIÈME STATION – LA PRIÈRE À GETHSEMANI

Texte biblique

Marc, dans son récit évangélique, écrit :

Ils parviennent à un domaine appelé Gethsémani. Jésus dit à ses disciples: « Asseyez-vous ici, pendant que je vais prier. » Puis il emmène avec lui Pierre, Jacques et Jean, et commence à ressentir frayeur et angoisse. Il leur dit: « Mon âme est triste à mourir. Restez ici et veillez. »

Allant un peu plus loin, il tombait à terre et priait pour que, s'il était possible,
cette heure s'éloigne de lui. Il disait: « Abba... Père, tout est possible pour toi.
Éloigne de moi cette coupe. Cependant, non pas ce que moi, je veux, mais ce que toi, tu veux! » (Mc 14,32-36)

Réflexion

Au tout début de son ministère public, juste après avoir reçu le baptême par Jean, Jésus s'était retiré au désert. On l'a ensuite vu plusieurs fois se retirer à l'écart pour prier. En fait, à chaque étape marquante de sa vie, Jésus a pris un temps de réflexion à l'écart.

Au moment où va s'amorcer la route qui le mènera à l'étape cruciale de son séjour terrestre: la Passion, la Mort en croix et, ultimement, la Résurrection, il se retire encore une fois pour prier.

Trois évangélistes rapportent qu'à Gethsémani, Jésus a été tenté de ne pas boire à cette coupe amère. Lui, le Dieu incarné, a voulu s'abaisser jusqu'au plus bas de la détresse humaine. Mais il a su se relever et affronter les événements qui allaient devenir sa plus grande preuve d'amour envers l'humanité : donner sa vie pour, ensuite, donner La Vie en plénitude.

Actualisation

Ô Christ, toi qui as surmonté la tristesse, le désarroi, la désespérance; toi qui as su t'abandonner complètement à la volonté du Père; toi qui as voulu suivre jusqu'au bout le chemin qui était tracé devant toi, sois notre soutien, notre modèle, devant les épreuves de notre vie.

Combien de fois avons-nous envie d'abandonner, plutôt que de *nous abandonner*... nous abandonner à la Tendresse et à la volonté du Père.

La maladie, les soucis financiers, l'isolement, la solitude… toutes ces épreuves qui nous font parfois perdre espoir. Le découragement que nous vivons lorsque nous ne pouvons pas voir nos proches, nos amis, notre famille, nous éloigne parfois de toi. Pourtant, n'est-ce pas dans ces moments-là que nous devrions redoubler de confiance en l'Amour et la Tendresse que tu nous as promis…

Moment d'humilité

Lorsque nous avons envie de tout laisser tomber, que ton Esprit de miséricorde soit sur nous et, Seigneur, prends pitié de nous.

Quand nous perdons courage et espérance, que ton Esprit d'Amour nous inspire et, ô Christ, prends pitié de nous.

Si nous oublions que tu nous as promis de toujours être à nos côtés, que ton Esprit de paix nous accompagne et, Seigneur, prends pitié de nous.

TROISIÈME STATION – LA COMPARUTION DEVANT LE SANHÉDRIN

Texte biblique

L'évangéliste Luc rapporte ceci :

Lorsqu'il fit jour, se réunit le collège des anciens du peuple, grands prêtres et scribes, et on emmena Jésus devant leur conseil suprême. Ils lui dirent: « Si tu es le Christ, dis-le nous. »

Il leur répondit: « Si je vous le dis, vous ne me croirez pas; et si j'interroge, vous ne répondrez pas. Mais désormais le Fils de l'homme sera assis à la droite de la Puissance de Dieu. » Tous lui dirent alors: « Tu es donc le Fils de Dieu? » Il leur répondit: « Vous dites vous-mêmes que je le suis. »

Ils dirent alors: « Pourquoi nous faut-il encore un témoignage? Nous-mêmes, nous l'avons entendu de sa bouche. » (Lc 22,66-71)

Réflexion

Jésus, devant le Sanhédrin, ne prononce pas beaucoup de mots… Par contre, le peu de mots qui sortent de sa bouche sont des mots qui pèsent lourd dans leur décision. Leur décision, dans le fond, était déjà prise, mais elle est maintenant confirmée.

Cela faisait un certain temps que les membres du Conseil avaient Jésus à l'œil, parce que celui-ci tenait des propos qui les dérangeaient, des propos qui remettaient en question leur interprétation de la Loi.

Divers récits dans l'Évangile rapportent que plusieurs d'entre eux, ceux qui exerçaient l'autorité religieuse en Israël, cherchaient à prendre Jésus en défaut, à le coincer… voire même à le faire mourir!

Les membres du Sanhédrin présents ce matin-là ont-ils vraiment tenu un procès? Tenir un procès, c'est entendre et écouter les témoignages, les plaidoiries, les arguments, les preuves, afin de déceler la vérité…

Ils ont plutôt l'air d'avoir cherché plus d'accusations à ajouter à celles qui ont mené à l'arrestation de Jésus, que de chercher à écouter et comprendre ce qu'il avait à leur dire…

Actualisation

Et moi, aujourd'hui, m'arrive-t-il de faire preuve de préjugés envers les personnes qui m'entourent?

M'arrive-t-il de m'empresser de condamner les personnes qui ne pensent pas comme moi, les personnes qui remettent en question mes convictions, mes opinions? Juger sans vraiment écouter leur avis?

Ai-je tendance à éviter de remettre en question certaines de mes convictions, certaines de mes habitudes, en me disant que « j'ai toujours fait comme ceci », en refusant d'accepter qu'il y a peut-être de nouvelles façons de voir ou de faire les choses?

Moment d'humilité

Pour ces moments où nous avons oublié d'écouter ce que l'autre avait à nous dire, Seigneur, prends pitié de nous.

Pour ces fois où nous avons jugé sans prendre le temps de regarder ce que l'autre avait à nous montrer, ô Christ, prends pitié de nous.

Pour ces occasions où nous avons laissé nos préjugés et nos idées préconçues guider notre jugement, Seigneur, prends pitié de nous.

QUATRIÈME STATION – JÉSUS COMPARAÎT DEVANT PILATE

Texte biblique

Du récit évangélique de saint Jean:

Pilate lui dit: « Alors, tu es roi? »

Jésus répondit: « C'est toi-même qui dis que je suis roi. Moi, je suis né, je suis venu dans le monde pour ceci: rendre témoignage à la vérité. Quiconque appartient à la vérité écoute ma voix. »

Pilate lui dit: « Qu'est-ce que la vérité? » Ayant dit cela, il sortit de nouveau à la rencontre des Juifs, et il leur déclara: « Moi, je ne trouve en lui aucun motif de condamnation. »

(Jn 18,37-38)

Réflexion

Pilate ne comprend pas pourquoi cet homme doit comparaître devant lui. On lui a dit que ce Nazaréen avait revendiqué le titre de roi…

Il a beau tenter d'interroger Jésus, celui-ci semble préférer garder le silence.

Les quelques mots qu'il prononce alors sont nébuleux pour celui qui l'interroge… Pour ce Romain, « rendre témoignage à la vérité » ne signifie pas grand-chose. D'ailleurs, Pilate s'interroge sur ce qu'est « la vérité ».

Malgré tout, devant cet homme qui lui a été amené pour être jugé et condamné à mort, cet homme peu loquace, Pilate n'est pas convaincu qu'il mérite une sentence de mort.

Mais, devant l'insistance des accusateurs, il finit par céder à leur demande et, à contre cœur, le leur livre.

Actualisation

Aujourd'hui, combien de fois m'arrive-t-il de voir une personne innocente être jugée et condamnée. Peut-être pas condamnée à être mise à mort, mais condamnée à être marginalisée, rejetée, bafouée par les gens qui l'entourent.

Pensons à ces gens qui ne confessent pas la même foi, la même croyance que leur entourage… Pensons à ces gens qui sont soupçonnés de tous les maux à cause de la couleur de leur peau ou de la langue qu'ils parlent… Pensons à ces personnes ridiculisées à cause d'un handicap physique ou mental, ou encore à ces personnes qui sont marginalisées à cause de leur faible niveau de scolarité…

Ne voit-on pas trop souvent des personnes être mises de côté à cause de leur différence? Combien de fois est-ce que, moi-même qui me dit chrétien, je regarde avec condescendance ou mépris ce pauvre, mendiant ou sans abri, qui me tend la main pour me demander quelques sous ou un sourire?

Moment d'humilité

Lorsque nous jugeons trop rapidement, sans avoir tous les éléments qui guideraient notre jugement, Seigneur, prends pitié de nous.

Quand nous regardons avec mépris ou dégoût la personne qui dérange par son allure, ô Christ, prends pitié de nous.

Toutes les fois où nous cédons à nos préjugés et à nos *a priori*, Seigneur, prends pitié de nous.

CINQUIÈME STATION – LA FLAGELLATION ET LE COURONNEMENT D'ÉPINES

Texte biblique

Dans l'évangile selon saint Marc, il est écrit:

Les soldats l'emmenèrent à l'intérieur du palais, c'est-à-dire dans le Prétoire. Alors ils rassemblent toute la garde, ils le revêtent de pourpre, et lui posent sur la tête une couronne d'épines qu'ils ont tressée.

Puis ils se mirent à lui faire des salutations, en disant: « Salut, roi des Juifs! »

Ils lui frappaient la tête avec un roseau, crachaient sur lui, et s'agenouillaient pour lui rendre hommage.

Quand ils se furent bien moqués de lui, ils lui enlevèrent le manteau de pourpre, et lui remirent ses vêtements. Puis, de là, ils l'emmènent pour le crucifier... (Mc 15,16-20)

Réflexion

Le texte dit que les soldats s'agenouillaient pour rendre hommage à Jésus… Mais on comprend bien que de flageller et frapper un homme, lui cracher dessus, le revêtir d'un faux manteau royal (probablement en réalité une vieille cape de soldat, usée et sale), ceux-ci rendent plutôt outrage qu'hommage à celui qui leur est envoyé par Pilate.

Ils profitent probablement de cette occasion qui leur est donnée de se moquer d'un homme pour se défouler de leurs frustrations. En se moquant de Jésus, en le rouant de coups, ils peuvent libérer la tension qu'ils ont accumulée, en devant respecter des ordres qui ne leur plaisent pas toujours. On leur a donné la possibilité de s'amuser sans restriction, alors qu'à l'accoutumée, ils ont des règles strictes à respecter.

Actualisation

Combien il est facile, encore aujourd'hui, de déverser sa frustration, son fiel, sur une personne vulnérable, sans défense! N'est-ce pas ce qu'on appelle maintenant le taxage, l'intimidation? N'est-ce pas ce à quoi on réfère lorsqu'on parle d'établir un règne de terreur? N'est-ce pas ce qui, poussé à l'extrême, est la définition du terrorisme?

Combien de fois puis-je constater que la société où je vis ridiculise ceux qui prônent l'amour et la fraternité?

Combien de fois me suis-je permis de me moquer de quelqu'un, à cause de son apparence, de sa façon de se vêtir, de se comporter?

Combien de fois ai-je oublié que le pauvre que je croise sur le trottoir est, lui aussi, un enfant de Dieu et que, comme le disait Mère Térésa, je dois voir le Christ souffrant dans chaque pauvre que je rencontre?

Moment d'humilité

Pour tous nos manques de charité face à nos frères et sœurs en humanité, Seigneur, prends pitié de nous.

Pour toutes les occasions où nous avons manqué de respect envers les pauvres que tu as mis sur notre chemin, ô Christ, prends pitié de nous.

Pour toutes les fois où nous avons omis d'écouter et de consoler les assoiffés de justice sur notre route, Seigneur, prends pitié de nous.

SIXIÈME STATION – LE PORTEMENT DE LA CROIX

Texte biblique

L'évangéliste Jean livre ce témoignage:

Alors, Pilate leur livra Jésus pour qu'il soit crucifié. Ils se saisirent de Jésus. Et lui-même, portant sa croix, sortit en direction du lieu dit Le Crâne (ou Calvaire), qui se dit en hébreu Golgotha. (Jn 19,16-17)

Réflexion

Jésus porte sa croix. Cet instrument de supplice sur lequel il mourra dans quelques heures. Si quelqu'un leur avait reproché d'avoir accepté de placer cette croix sur les épaules de Jésus, les soldats romains auraient simplement déclaré qu'ils ne faisaient que leur travail. Ils auraient probablement affirmé que ce n'était pas eux qui avaient décidé de la mort de cet homme.

D'ailleurs, pour eux, leur travail ce jour-là consistait à mener non pas seulement Jésus, mais bien trois condamnés vers le Golgotha. Pour eux, Jésus n'était qu'un condamné de plus. Ils n'étaient pas plus émus du sort du Nazaréen que du sort des deux brigands.

En prenant sur ses épaules cet instrument de supplice, Jésus accepte de prendre sur ses épaules toute la haine, tous les péchés, tous les manquements à la charité dont l'humanité s'est chargée, se charge encore aujourd'hui et se chargera demain.

Il avait déclaré à ses disciples, aux personnes qui l'ont suivi sur les chemins de Galilée, qu'il était le Bon Pasteur, celui qui donne sa vie pour ses brebis. Cette poutre de bois qu'on vient de charger sur ses épaules portera bientôt non seulement le poids de son corps, mais aussi le poids de l'Humanité.

Malgré qu'il en soit bien conscient, il avance sur ce chemin qu'il ne peut pas, ne peut plus, éviter d'emprunter, s'il veut livrer son message jusqu'au bout.

Actualisation

Aujourd'hui, quand je vois des hommes, des femmes et des enfants marcher vers leur mort, comment est-ce que je réagis?

Car la télévision, internet et le journal me montrent tous les jours des gens marcher vers leur mort.

Que ce soit les victimes du terrorisme ou celles de la drogue. Que ce soit les victimes de crimes passionnels ou celles des gangs de rue. Que ce soit les personnes qui souffrent d'une maladie grave qui sont privées de soins à cause d'une pandémie ou celles dont la maladie est incurable…

Ai-je tendance à me dire que c'est leur destin… que je n'y suis pour rien… que ce n'est pas ma faute… que c'est aux policiers, aux militaires, aux politiciens, aux médecins de faire leur boulot?

Est-ce que je refuse de me laisser émouvoir par ces drames qui me sont présentés dans les médias? Ai-je la volonté de chercher à trouver sinon des solutions, au moins des moyens de soutenir ceux qui souffrent? Est-ce que je tente, au moins, de participer aux efforts collectifs qui me sont suggérés?

Moment d'humilité

Nous avons trop souvent détourné notre regard devant la misère de notre monde. Seigneur, prends pitié de nous.

Nous avons trop souvent détourné notre regard devant les épreuves de nos contemporains. Ô Christ, prends pitié de nous.

Nous avons trop souvent fermé les yeux devant la détresse de notre entourage. Seigneur, prends pitié de nous.

SEPTIÈME STATION – LE CYRÉNÉEN

Texte biblique

Les évangélistes rapportent que

Comme ils emmenaient Jésus, ils prirent un certain Simon de Cyrène, qui revenait des champs, et ils le chargèrent de la croix pour qu'il la porte derrière Jésus. (Lc 23,26)

Réflexion

Ils ont donc réquisitionné un passant pour porter la lourde poutre de bois sur laquelle ils allaient clouer Jésus. Habituellement, ce devait être le supplicié lui-même qui porte la croix.

Cependant, ce que l'on oublie parfois, lorsqu'on lit le récit de la Passion, c'est que les soldats qui étaient chargés d'amener le supplicié jusqu'au lieu de sa crucifixion devaient l'y amener vivant. En effet, si le condamné mourait en chemin, le centurion pouvait alors choisir un des soldats pour qu'il soit crucifié à la place du supplicié, pour le punir de ne pas s'être acquitté de sa tâche.

Or, ils voyaient bien que Jésus était tellement affaibli par la torture, les coups et la flagellation qu'il venait de subir qu'il risquait de ne pas survivre à la marche vers le Golgotha. C'est probablement pour cela qu'ils ont réquisitionné ce passant pour aider Jésus.

Eux voulaient sauver leur propre vie et ne voulaient pas être ridiculisés par la foule ou les autres soldats, en portant eux-mêmes la croix de Jésus…

On considère souvent Simon comme un homme généreux et rempli de compassion… Mais s'il a porté la croix de ce Nazaréen qu'il ne connaissait pas, ce n'est peut-être pas par bonté de cœur… Il l'a fait sous la menace des soldats, par crainte des coups qu'il aurait reçus par ceux-ci s'il avait refusé de le faire.

Actualisation

Combien de fois, comme les soldats, me suis-je débarrassé d'une tâche que je jugeais ingrate, indigne de ma notoriété, en la faisant exécuter par quelqu'un d'autre. Me disant ainsi que l'important était que la tâche soit remplie.

Dans ces moments, est-ce que je n'abuserais pas de mon autorité, ou parfois de mon semblant d'autorité?

Quand ma voisine se sent seule et désemparée, quand mon voisin peine à exécuter quelques tâches, m'arrive-t-il de me dire « Pauvre elle, pauvre lui! C'est dommage que personne ne lui vienne en aide! », plutôt que de lui offrir ma présence, mon aide?

Ne pourrais-je pas moi-même prendre un peu de temps pour les soutenir, plutôt que de grogner et râler contre le *CLSC*[4] ou les services sociaux qui « ne font rien pour nos aînés »?

Moment d'humilité

Pour ces moments où nous avons fui nos responsabilités, en laissant les autres agir à notre place, Seigneur, prends pitié de nous.

Pour ces occasions où nous nous sommes déchargés de nos obligations sur les membres de notre entourage, ô Christ, prends pitié de nous.

---

[4] *CLSC*: au Québec, Centre Local de Services Communautaires. La mission d'un centre local de services communautaires (CLSC) est d'offrir en première ligne des services de santé et des services sociaux courants et, à la population du territoire qu'il dessert, des services de nature préventive ou curative, de réadaptation ou de réinsertion, ainsi que des activités de santé publique.

Pour toutes les fois où nous avons négligé de poser un geste de solidarité, en nous disant que nous en avions fait assez, Seigneur, prends pitié de nous.

HUITIÈME STATION – LES FEMMES DE JÉRUSALEM

Texte biblique

Dans son récit, l'évangéliste Luc écrit:

Le peuple, en grande foule, le suivait, ainsi que des femmes qui se frappaient la poitrine et se lamentaient sur Jésus.

Il se retourna et leur dit: « Filles de Jérusalem, ne pleurez pas sur moi! Pleurez plutôt sur vous-mêmes et sur vos enfants! Voici venir des jours où l'on dira: "Heureuses les femmes stériles, celles qui n'ont pas enfanté, celles qui n'ont pas allaité!" Alors on dira aux montagnes: "Tombez sur nous", et aux collines: "Cachez-nous." Car si l'on traite ainsi l'arbre vert, que deviendra l'arbre sec? » (Lc 23,27-31)

Réflexion

Jésus dit à ces femmes éplorées devant son sort de plutôt pleurer pour elles-mêmes et sur leurs enfants.

Leurs enfants, ce sont ceux qui ont comploté et fomenté pour accuser et condamner l'Innocent. Ils ont préparé et exécuté leurs plans en se basant sur une Loi qu'ils ne connaissaient que trop mal.

Jésus a marché sur les routes pour prêcher non pas la rébellion contre les autorités ou la Loi, mais bien pour montrer le chemin et la voie à suivre pour accomplir la Loi de l'Amour et de la Miséricorde. Eux ont plutôt retenu qu'il livrait des exhortations plus exigeantes, et qui dérangeaient leurs habitudes. Ils ont retenu qu'il interprétait la Loi de Moïse de façon nouvelle.

Ils l'ont fait condamner car probablement que son enseignement les exhortait à changer leur façon de vivre, leur façon de traiter les faibles et les pauvres. Ce rabbi connaissait très bien la Loi, peut-être trop bien la Loi. Sa façon de lire les Écritures ébranlait leurs certitudes… Il fallait donc le faire taire…

Actualisation

Dans ma vie quotidienne, deux millénaires après ces événements, lorsque je relis l'Évangile, m'arrive-t-il de trouver le message de Jésus dérangeant?

Ai-je le goût parfois, moi aussi, de refuser de suivre la voie que le Christ a indiquée à ses disciples?

Est-ce qu'il m'arrive de trouver difficile de suivre la route balisée par l'enseignement de Jésus? Cette route qui doit me mener au Royaume, à la Vie éternelle…

Ne me dis-je pas, parfois, qu'il serait tellement plus facile de me rallier à la majorité? Ne serait-il pas plus simple de « faire comme tout le monde » et de vivre ma foi sans « faire de vague », sans afficher mes croyances, qui ne sont pas toujours ce qui est maintenant considéré comme « la normale » dans notre société?

Moment d'humilité

Lorsque nous avons envie de délaisser nos convictions, pour suivre la masse, sois notre soutien et, Seigneur, prends pitié de nous.

Si nous choisissons la voie facile dans notre vie en acceptant de taire nos convictions, redresse notre esprit par ton Esprit Saint et, ô Christ, prends pitié de nous.

Quand nous sommes tentés de relâcher notre rigueur à suivre ton enseignement, pour nous fondre dans la masse de notre société, montre-nous ta miséricorde et, Seigneur, prends pitié de nous.

NEUVIÈME STATION – LE DÉPOUILLEMENT ET LE CRUCIFIEMENT

Texte biblique

Luc, dans son récit évangélique, a écrit:

Lorsqu'ils furent arrivés au lieu dit: Le Crâne (ou Calvaire), là ils crucifièrent Jésus, avec les deux malfaiteurs, l'un à droite et l'autre à gauche.

Jésus disait: « Père, pardonne-leur: ils ne savent pas ce qu'ils font. » Puis, ils partagèrent ses vêtements et les tirèrent au sort. (Lc 23,33-34)

Réflexion

Juste avant d'être crucifié, Jésus est dépouillé de ses vêtements. C'est probablement là les seuls bien matériels qu'il possédait, et on les lui enlève.

Il se trouve donc complètement nu devant la foule qui s'est rassemblée pour voir le spectacle d'un homme mis à mort en suivant la méthode la plus horrible, la plus cruelle et la plus douloureuse qui soit: la crucifixion.

Il a été humilié par les gardes et les soldats qui l'ont roué de coups, qui ont craché sur lui, qui l'ont traîné sur le chemin le menant vers le lieu de son exécution. Le voici maintenant privé du peu qu'il lui restait pour garder un minimum de dignité.

Malgré la douleur intense que lui infligent les clous qui sont plantés dans ses poignets et ses pieds, Jésus prie encore pour ses bourreaux, en demandant au Père de leur pardonner ces outrages.

Actualisation

Comment est-ce que je réagis, lorsque la télé ou internet me montre des personnes à qui on a volé tout soupçon d'intimité? Ces personnes emprisonnées dans des camps de réfugiés qui, en réalité, ressemblent beaucoup aux camps de concentration de la Seconde Guerre Mondiale. Cette femme qui s'effondre sur le trottoir en voyant le corps de son fils ou de son mari assassiné lors d'une guerre de gangs. Cet enfant qui pleure en voyant le corps de son papa extirpé de l'amas de ferraille qu'est devenue son automobile.

Lorsque le journal me montre cette jeune femme émaciée par les affres de la drogue et brisée par les ravages de la prostitution. Cette personne âgée mourante qui ne peut pas être visitée et consolée par ses enfants, à cause des risques reliés à un virus pandémique…

Suis-je de ceux et celles qui se rendent coupables de voyeurisme, comme cette foule qui s'était massée au pied de la Croix?

Suis-je de ceux et celles qui détournent le regard pour ne pas être émus par ces situations?

Suis-je de ceux et celles qui regardent et se laissent toucher au cœur, et qui cherchent par quel moyen aider à soulager toutes ces douleurs?

Moment d'humilité

Pour notre voyeurisme indécent devant la détresse des hommes et des femmes de notre monde, Seigneur, prends pitié de nous.

Parce que nous avons parfois détourné notre regard face aux difficultés et aux douleurs de nos frères et sœurs en humanité, ô Christ, prends pitié de nous.

Lorsque nous fermons les bras devant les personnes qui nous tendent la main en demandant notre soutien ou notre compassion, Seigneur, prends pitié de nous.

DIXIÈME STATION – LE BON LARRON

Texte biblique

Luc, dans son récit évangélique, rapporte ceci:

L'un des malfaiteurs suspendus en croix l'injuriait: « N'es-tu pas le Christ? Sauve-toi toi-même, et nous aussi! »

Mais l'autre lui fit de vifs reproches : « Tu ne crains donc pas Dieu! Tu es pourtant un condamné, toi aussi! Et puis, pour nous, c'est juste: après ce que nous avons fait, nous avons ce que nous méritons. Mais lui, il n'a rien fait de mal. »

Et il disait: « Jésus, souviens-toi de moi quand tu viendras dans ton Royaume. »

Jésus lui déclara: « Amen, je te le dis : aujourd'hui, avec moi, tu seras dans le Paradis. » (Lc 23, 39-43)

Réflexion

Voici que l'un des malfaiteurs, celui qu'on identifie souvent comme « le bon larron », se convertit et, du haut de sa croix, reconnaît Jésus comme étant non seulement un innocent condamné à tort, mais comme celui qui peut lui ouvrir les portes du Royaume.

Était-il vraiment convaincu de la divinité de Jésus? A-t-il plutôt pris un dernier pari en se disant qu'au point où il en était, il n'avait vraiment rien à perdre de demander à Jésus de l'accueillir auprès de Dieu? On ne le saura probablement pas en cette vie.

Mais la réponse de Jésus montre bien la grande miséricorde dont il faisait preuve. Il n'a fallu qu'une seule parole de conversion de la part de ce misérable et les portes du Royaume lui furent ouvertes par nul autre que le Messie.

Actualisation

Un jour, Jésus avait livré une parabole où l'ouvrier de la dernière heure recevait le même salaire que celui de la première heure… Ne pourrait-on pas qualifier le larron converti d'ouvrier de la dernière minute?

Si une aussi simple marque de conversion tardive a suffi pour que cet homme crucifié à côté du Christ reçoive la promesse ultime du pardon… Combien plus puis-je être assuré de ma place au Banquet éternel, à la simple condition que j'accepte le pardon de Dieu dans ma vie.

Car le Christ l'a dit et redit maintes fois : il est venu apporter le Salut, le Pardon, la Réconciliation à l'Humanité. Mes fautes, mes erreurs, mes égarements sont déjà pardonnés, si je me tourne vers le Père pour accepter son pardon.

Dans une autre parabole, Jésus a affirmé que le Père qui a vu son fils s'éloigner de lui s'était empressé de monter dans la tour de garde pour guetter le retour de celui-ci. Et, dès qu'il a vu son enfant apparaître à l'horizon, revenant vers lui, le père a couru l'embrasser et s'est réjoui de son retour.

Moment d'humilité

Nous te rendons grâce, Père éternel, pour toutes les fois où ta miséricorde sans borne s'est manifestée dans notre vie, malgré nos faux pas. Encore aujourd'hui, nous te le demandons humblement, Seigneur, prends pitié de nous.

Jésus, Fils éternel, tu as donné ta vie pour nous montrer la grandeur de ta miséricorde. Ô Christ, prends pitié de nous.

Esprit Saint, tu nous as été envoyé pour nous soutenir dans les épreuves et nous aider à accueillir la miséricorde du Père. Lorsque nous chutons et que nous oublions de nous remettre entre tes mains, Seigneur, prends pitié de nous.

ONZIÈME STATION – MARIE ET JEAN AU PIED DE LA CROIX

Texte biblique

L'évangéliste Jean, dans son récit de la Passion, écrit:

Or, près de la croix de Jésus se tenaient sa mère et la sœur de sa mère, Marie, femme de Cléophas, et Marie Madeleine.

Jésus, voyant sa mère, et près d'elle le disciple qu'il aimait, dit à sa mère: « Femme, voici ton fils. » Puis il dit au disciple: « Voici ta mère. » Et à partir de cette heure-là, le disciple la prit chez lui. (Jn 19,25-27)

Réflexion

Jusqu'au dernier moment, Jésus fait preuve de miséricorde. Alors qu'il est affaibli, près de mourir, il rassemble le peu de souffle qu'il lui reste pour confier sa mère à son disciple.

Selon les théologiens de notre temps, ce disciple bien-aimé représente l'Église. Jésus confie donc la communauté de ses disciples aux soins maternels de sa mère et, en même temps, il confie à ses disciples de tous les âges la charge de poursuivre la mission qu'il a commencée. C'est là une interprétation tout à fait juste.

Cependant, on peut aussi voir dans ces paroles les paroles d'un fils qui sait bien que sa mère, veuve et sans autre enfant que lui, est destinée à la mendicité. En effet, dans la société de l'époque, la femme dépendait de son père, puis de son mari et, après être devenue veuve, de son fils pour assurer sa subsistance.

Le disciple est demeuré près de son Rabbi, malgré le danger d'être lui aussi mis à mort. Il y était aussi pour soutenir la Mère. Il se voit confié une double mission: prendre soin de l'Église et de la femme qui a donné au monde son fils.

Actualisation

Aujourd'hui, moi qui me déclare disciple du Christ, je dois me souvenir que cette mission de soutenir l'Église m'a été confiée au moment de mon baptême.

Je dois prendre soin de l'Église, selon mes capacités et mes charismes, afin qu'elle continue de vivre, de grandir et de porter du fruit.

Être disciple du Christ aujourd'hui est un défi de tous les jours. Dans la société à laquelle j'appartiens, mon adhésion au message du Christ ne mettra probablement pas ma vie en danger.

Par contre, mon témoignage de foi risque de mettre en péril certaines amitiés, certaines relations. Je devrai fort probablement choisir entre le Christ, son Évangile, son Église et certaines habitudes, certains comportements.

Moment d'humilité

Tu as voulu confier la diffusion de ton Évangile à tes disciples, des humains dont nous sommes. Pour nos hésitations à nous engager au nom de notre foi, Seigneur, prends pitié de nous.

Tu as voulu que les hommes et les femmes de tous les temps se rassemblent en ton nom. Chaque fois que des tentations viennent ralentir notre ardeur à te servir, ô Christ, prends pitié de nous.

Tu as voulu que nous nous soutenions les uns les autres dans la fraternité et l'amour désintéressé. Lorsque nous tournons le dos aux personnes qui ont besoin de notre cœur charitable, Seigneur, prends pitié de nous.

DOUZIÈME STATION – LA MORT SUR LA CROIX

Texte biblique

L'évangéliste Luc, dans son récit de la Passion de Jésus, écrit:

Alors, Jésus poussa un grand cri: « Père, entre tes mains je remets mon esprit. » Et après avoir dit cela, il expira.

À la vue de ce qui s'était passé, le centurion rendit gloire à Dieu: « Celui-ci était réellement un homme juste. » Et toute la foule des gens qui s'étaient rassemblés pour ce spectacle, observant ce qui se passait, s'en retournaient en se frappant la poitrine. (Lc 23,46-48)

Réflexion

« Et la foule des gens qui s'étaient rassemblés s'en retournaient en se frappant la poitrine... »

Maintenant que Jésus a livré son dernier souffle, ces gens qui, il n'y a que quelques heures encore, réclamaient sa mort commencent à comprendre que ce qui vient de se passer est probablement une erreur. C'est le sens de ce geste que l'évangéliste mentionne : les gens se frappant la poitrine.

Dans la Bible, ce geste marque le deuil ou la repentance. Aujourd'hui encore, nous nous frappons symboliquement la poitrine pendant l'acte de contrition, ou avant de nous avancer pour la Communion, lorsque nous déclarons « Je ne suis pas digne… ».

Un Romain qui reconnaît que le Nazaréen crucifié est un « homme juste » … La foule qui s'en retourne en se frappant la poitrine… Deux éléments qui montrent que déjà, en quelques minutes, les gens qui ont participé à cette exécution de l'Innocent reconnaissent que cet homme était plus grand que ce qu'ils avaient pu imaginer…

Actualisation

Dans ma vie de tous les jours, il m'arrive de « tuer l'innocent ». Non pas en le faisant mourir physiquement, bien sûr. Cependant, combien de fois mes paroles peuvent-elles porter un préjudice grave à cette personne qui ne professe pas la même foi que moi? Ne m'arrive-t-il pas de traiter avec mépris ou agressivité cette femme portant le hijab, comme si elle avait une part de responsabilité dans les attaques terroristes qui ont lieu à l'autre bout du monde?

Ne m'arrive-t-il pas de tenir des propos haineux, à peine voilés, au sujet de cette personne d'origine ethnique différente de moi? Ce paresseux mexicain, ces jeunes voyous haïtiens... Ces commentaires sont souvent sans fondement réel.

Si je prenais le temps d'observer attentivement comment ces personnes occupent leurs journées, je réaliserais que cet homme d'origine mexicaine lave des planchers et des murs douze heures par jour pour faire vivre dignement sa famille, tout en poursuivant des études pour apprendre un nouveau métier... Je verrais que ces jeunes fils d'immigrants haïtiens étudient à plein temps pour devenir médecin pour l'un et ingénieur pour l'autre, tout en rendant divers services à cette vieille dame handicapée qui vit dans leur immeuble...

Moment d'humilité

Lorsque nos paroles agressent, blessent et portent préjudice à la personne que nous rencontrons, Seigneur, prends pitié de nous.

Quand nous portons un jugement sans prendre le temps de mieux connaître l'histoire de vie de la personne devant nous, ô Christ, prends pitié de nous.

Dans ces moments où, par nos paroles ou nos gestes, nous assassinons les espoirs, les projets et les efforts de notre entourage, Seigneur, prends pitié de nous.

TREIZIÈME STATION – LE SÉPULCRE NEUF

Texte biblique

Dans son récit de la Passion, Jean rapporte ceci:

À l'endroit où Jésus avait été crucifié, il y avait un jardin et, dans ce jardin, un tombeau neuf dans lequel on n'avait encore déposé personne. À cause de la Préparation de la Pâque juive, et comme ce tombeau était proche, c'est là qu'ils déposèrent Jésus. (Jn 19,41-42)

Réflexion

Le corps de Jésus est déposé dans un sépulcre neuf, situé dans un jardin. Le livre de la Genèse situe la Création de l'Humanité dans un jardin. L'évangéliste note que le Fils de l'Homme est déposé dans un jardin.

Le livre de la Genèse débute en mentionnant que le chaos régnait jusqu'à ce que Dieu entame la Création qui mettra tout en ordre, en sérénité.

On peut dire que les dernières heures de la vie de Jésus ont été vécues comme un chaos. Maintenant que son corps est descendu de la croix et déposé au jardin, le calme revient.

Le sépulcre neuf deviendra, nous le savons maintenant, le lieu de gestation de la Nouvelle Vie, comme le ventre vierge de Marie fut le lieu de la gestation de l'Incarnation du Fils de Dieu.

Actualisation

Pour ma part, lorsque je regarde le tombeau, je dois me rappeler que là ne s'arrête pas l'Évangile.

Je peux m'y arrêter un moment, le temps de contempler à quel point Dieu-fait-homme a aimé l'Humanité. Il est allé jusqu'à vivre la passion et la mort en croix pour montrer de quel amour je suis, nous sommes aimés.

En même temps, il faut que je comprenne que je ne puis rester devant le tombeau. Il me faut me rappeler que, dans quelques heures, de ce sépulcre jaillira la plus belle étape de cette route : la Résurrection. La Vie rejaillira pour moi, pour nous, jusqu'en éternité.

Les difficultés, les peines, les douleurs, les trahisons, les épreuves qui jalonnent la route de ma vie ne doivent pas me faire perdre de vue que je marche vers le Royaume de Dieu. Le Christ me précède et continue à me montrer la voie à suivre… c'est ça, l'Évangile, la Bonne Nouvelle!

Moment d'humilité

Lorsque nous perdons l'espérance devant les difficultés de notre vie, sois notre force et, Seigneur, prends pitié de nous.

Quand nous perdons courage devant les obstacles sur notre route, montre-nous ta miséricorde et, ô Christ, prends pitié de nous.

Si nous avons parfois envie de nous détourner de la route que tu as tracée devant nos pas, sois notre guide et, Seigneur, prends pitié de nous.

QUATORZIÈME STATION – LA RÉSURRECTION

Texte biblique

Dans son récit évangélique, Jean rapporte ce qui se passa au matin du troisième jour:

Le premier jour de la semaine, Marie Madeleine se rend au tombeau de grand matin; c'était encore les ténèbres. Elle s'aperçoit que la pierre a été enlevée du tombeau. Elle court donc trouver Simon-Pierre et l'autre disciple, celui que Jésus aimait, et elle leur dit: « On a enlevé le Seigneur de son tombeau, et nous ne savons pas où on l'a déposé. » Pierre partit donc avec l'autre disciple pour se rendre au tombeau. (Jn 20,1-3)

Réflexion

La jeune Marie s'était empressée d'aller annoncer à sa cousine Élisabeth le message de l'Ange, une nouvelle déconcertante.

Et voici qu'une trentaine d'années plus tard, une autre Marie, la Magdaléenne, court porter aux disciples une autre nouvelle déconcertante. Elle a vu, il y a trois jours, son Rabbi mourir et, voici que le tombeau est ouvert et vide!

Une femme a annoncé la naissance du Messie promis… Une femme annonce sa résurrection!

Actualisation

Il y deux millénaires, les disciples devant le tombeau vide étaient étonnés, incertains. Ils ne savaient pas qui ou quoi croire.

Nous, aujourd'hui, nous avons l'avantage de savoir que oui, Jésus est ressuscité, il est vivant, il a vaincu la fatalité de la mort!

Nous, aujourd'hui, nous savons que l'espérance n'est pas vaine!

Nous savons que du tombeau de nos misères peuvent renaître nos espoirs. Le mystère demeure, mais nous savons que la promesse va se réaliser : nous ressusciterons au temps de Dieu!

Moment d'humilité

Seigneur, nous pouvons te rendre grâce pour ta Passion. Cette passion-souffrance que tu as acceptée de subir pour nous prouver ton Amour incommensurable!

Ô Christ, nous te rendons grâce pour ta Passion. Cette passion amoureuse que tu nous as témoignée et que tu nous témoignes encore aujourd'hui!

Seigneur, nous te louons pour cet amour passionné que tu as pour nous et qui nous redonne espérance en de jours meilleurs!

✞✞✞

CHEMIN DE LA LUMIÈRE, CHEMIN DE LA VIE

PRÉSENTATION

Après avoir marché sur la route douloureuse qui l'a conduit à la mort sur la croix, Jésus a été mis au tombeau. C'était le vendredi soir. Les soldats sont retournés à la caserne, les grands prêtres sont retournés au Temple, le peuple s'en est retourné pour vivre les rituels de la Pâque. Les disciples, désemparés, déboussolés, sont retournés au cénacle pour s'y rassembler et se cacher de ceux qui venaient de faire mourir leur Rabbi. Pour tous ceux-là, cette mort était la fin de l'histoire.

Nous, nous savons qu'autre chose allait alors venir. Retournons donc visiter les textes bibliques qui nous traceront un nouveau chemin à suivre: le chemin de la Lumière et de la Vie.

Les quatorze stations que nous méditerons sur cette route sont:

- Le Tombeau vide;
- Pierre et Jean courent vers le Tombeau;
- Jésus se manifeste à Marie Madeleine;
- Jésus marche avec les pèlerins d'Emmaüs;
- Ils le reconnaissent à la fraction du pain;

- Jésus se manifeste à ses apôtres, portes closes;
- Jésus leur donne de remettre les péchés;
- Jésus confirme la foi de Thomas;
- Il se manifeste au bord du lac de Tibériade;
- Jésus confie à Pierre son troupeau;
- Jésus envoie ses disciples évangéliser;
- Jésus est élevé au Ciel;
- Marie et les apôtres prient d'un seul cœur;
- La Pentecôte.

Encore ici, les textes bibliques sont tirés de la *Traduction Officielle Liturgique*[5] de la Bible

Bonne méditation!

[5] Association Épiscopale Liturgique pour les pays Francophones (AELF), [site internet], https://www.aelf.org/bible, (consultation entre le 28 mars 2021 et le 10 avril 2021)

PREMIÈRE STATION – LE TOMBEAU VIDE

Texte biblique

Elles trouvèrent la pierre roulée sur le côté du tombeau. Elles entrèrent, mais ne trouvèrent pas le corps du Seigneur Jésus. Alors qu'elles étaient désemparées, voici que deux hommes se tinrent devant elles en habit éblouissant.

Saisies de crainte, elles gardaient leur visage incliné vers le sol. Ils leur dirent: « Pourquoi cherchez-vous le Vivant parmi les morts? Il n'est pas ici, il est ressuscité. »

Revenues du tombeau, elles rapportèrent tout cela aux Onze et à tous les autres.

(Lc 24,2-6a.9)

Réflexion

Quelle surprise!

Elles cherchent un mort, un cadavre… Elles trouvent un tombeau vide! On peut comprendre que la scène soit désemparante pour elles.

Elles sont « saisies de crainte » et on peut, cela aussi, le comprendre. N'ont-elles pas vu, il n'y a encore que peu de temps, ce que les soldats et la foule ont fait subir à leur Rabbi…

Ces deux hommes en habit éblouissant, sont peut-être là pour les arrêter et les livrer à ceux qui ont tué leur Maître… À moins que ce soit eux qui aient dérobé le corps qu'elles cherchent…

Et voici que ces hommes qu'elles ne connaissent pas leur livrent un message bouleversant. Bouleversant, mais aussi réjouissant…

Et les deux inconnus les envoient vers les autres disciples pour leur porter la bonne nouvelle de la résurrection…

Des femmes qui sont les premières évangélisatrices!

Actualisation

Et moi, deux millénaires plus tard, quelle est ma réaction face à cette nouvelle… cette Bonne Nouvelle?

Est-ce que j'ai tendance à être « saisi de crainte » et à garder mon visage tourné vers le sol? Ai-je tendance à rester immobile et désemparé?

Ou ai-je plutôt envie de me retourner et de témoigner de ma foi en Jésus Ressuscité?

Acclamation

Jésus, nous t'adorons et nous te bénissons pour ta Pâque. Toi le Ressuscité, tu donnes la Vie au monde!

DEUXIÈME STATION – PIERRE ET JEAN COURENT VERS LE TOMBEAU

Texte biblique

Pierre partit donc avec l'autre disciple pour se rendre au tombeau. Ils couraient tous les deux ensemble, mais l'autre disciple courut plus vite que Pierre et arriva le premier au tombeau.

En se penchant, il s'aperçoit que les linges sont posés à plat; cependant il n'entre pas.

Simon-Pierre, qui le suivait, arrive à son tour. Il entre dans le tombeau ; il aperçoit les linges, posés à plat, ainsi que le suaire qui avait entouré la tête de Jésus, non pas posé avec les linges, mais roulé à part à sa place. (Jn 20,3-7)

Réflexion

Les disciples sont bouleversés par ce que Marie Madeleine vient de leur raconter.

Ils sont incrédules et doivent aller constater par eux-mêmes ce qu'elle vient de dire.

Ils courent vers le tombeau… sans se soucier des dangers, eux qui s'étaient cachés au cénacle car ils craignaient d'être arrêtés à leur tour.

Le premier disciple n'ose pas entrer au tombeau. Peut-être parce que ses pas demeurent figés devant la scène étonnante qui s'offre à ses yeux…

Pierre, le disciple fougueux, fonce et pénètre dans le tombeau… qu'il trouve vide.

Seuls, alors, les linges demeurés là sont la preuve qu'un corps avait bien été déposé à cet endroit…

C'est alors que les deux hommes croient, comprennent que leurs espoirs n'étaient pas utopiques.

Actualisation

Nous, disciples du Christ vivant deux millénaires après ces événements, nous nous tenons encore devant le tombeau vide, le tombeau *vidé*. Est-ce que notre foi est vraiment solide? Sommes-nous réellement convaincus de ce que nous célébrons?

Gardons-nous, comme les disciples, des doutes? Attendons-nous encore des preuves de la résurrection, avant de témoigner de notre foi?

Agissons-nous avec empressement, comme Pierre et l'autre disciple, pour courir, voir et croire?

Sommes-nous prêts à sortir de notre enfermement craintif, pour manifester ouvertement notre foi, notre croyance, au grand jour?

Acclamation

Jésus, nous t'adorons et nous te bénissons pour ta Pâque. Toi le Ressuscité, tu donnes la Vie au monde!

TROISIÈME STATION – JÉSUS SE MANIFESTE À MARIE MADELEINE

Texte biblique

Marie Madeleine se retourna; elle aperçoit Jésus qui se tenait là, mais elle ne savait pas que c'était Jésus. Jésus lui dit: « Femme, pourquoi pleures-tu? Qui cherches-tu? »

Le prenant pour le jardinier, elle lui répond: « Si c'est toi qui l'as emporté, dis-moi où tu l'as déposé, et moi, j'irai le prendre. »

Jésus lui dit alors: « Marie! » S'étant retournée, elle lui dit en hébreu : « Rabbouni! », c'est-à-dire : Maître.

Jésus reprend: « Ne me retiens pas, car je ne suis pas encore monté vers le Père. Va trouver mes frères pour leur dire que je monte vers mon Père et votre Père, vers mon Dieu et votre Dieu. »

Marie Madeleine s'en va donc annoncer aux disciples: « J'ai vu le Seigneur! », et elle raconta ce qu'il lui avait dit. (Jn 20,14-18)

Réflexion

Marie Madeleine, qui était venue au tombeau pour prendre soin du corps de Jésus, et ne le trouvant pas, est en pleurs. Ses yeux remplis de larmes ne voient pas que celui qui se tient devant elle est bien l'homme qu'elle a vu mourir sur la croix, il n'y a encore que quelques heures. De plus, elle s'attendait à voir non pas un homme bien vivant, mais bien un cadavre! Ne serait-ce pas une bonne raison pour que son regard soit brouillé?

Ce n'est qu'au moment où elle entend sa voix prononcer son nom qu'elle reconnait celui qu'elle appelle affectueusement *Rabbouni*, que l'on traduirait plus précisément par « mon Maître à moi ».

Jésus lui demande alors de ne pas le retenir, de ne pas le garder pour elle seule. Il l'envoie plutôt en mission vers les autres proches disciples, pour leur annoncer la grande nouvelle de sa résurrection. Ce qu'elle s'empresse de faire.

Actualisation

Et moi, aujourd'hui, lorsque Jésus m'appelle à aller vers mon entourage pour partager ma foi, ma joie, ma confiance en Dieu-fait-homme mort et ressuscité… Qu'est-ce que je fais?

Ai-je tendance à vouloir le garder pour moi? Et si c'est le cas, est-ce parce que je me sens tellement bien en sa présence? Ou est-ce plutôt parce que j'ai peur qu'on se moque de moi, qu'on ne me prenne pas au sérieux?

Ai-je suffisamment confiance en Jésus pour affirmer, par mes paroles et mes gestes, que celui-ci est mon *Rabbouni*, le guide de ma vie?

Acclamation

Jésus, nous t'adorons et nous te bénissons pour ta Pâque. Toi le Ressuscité, tu donnes la Vie au monde!

QUATRIÈME STATION – JÉSUS MARCHE AVEC LES PÈLERINS D'EMMAÜS

Texte biblique

Le même jour, deux disciples faisaient route vers un village appelé Emmaüs, à deux heures de marche de Jérusalem, et ils parlaient entre eux de tout ce qui s'était passé.

Or, tandis qu'ils s'entretenaient et s'interrogeaient, Jésus lui-même s'approcha, et il marchait avec eux. Mais leurs yeux étaient empêchés de le reconnaître. Jésus leur dit: « De quoi discutez-vous en marchant? » Alors, ils s'arrêtèrent, tout tristes. (Lc 24,13-17)

Réflexion

Les pèlerins qui font route vers Emmaüs marchent en s'interrogeant. Ils ont vécu les événements d'il y a quelques jours et ne comprennent pas. Ils sont tristes car l'espérance qu'ils avaient fondée en ce Jésus s'est écoulée sur la croix, en même temps que s'y écoulait le sang de leur Maître.

Ils l'ont vu mourir. Ils savent qu'il a été déposé dans un tombeau. Il avait pourtant affirmé, au cours des mois qui ont précédé, être le chemin, la vérité… la Vie!

Leurs yeux ne le reconnaissent pas… est-ce parce qu'il a une allure différente d'auparavant? Est-ce simplement parce que leur regard est encore rempli de ces scènes de mort? Pour eux, Jésus est un cadavre perdu, et non pas un homme vivant qui peut marcher à leurs côtés…

Même si quelques femmes ont affirmé avoir vu le tombeau vide, rencontré des anges leur ayant annoncé la résurrection, cela ne suffit pas à les rassurer, à leur rendre leur sérénité…

Actualisation

Et moi, qui me dit disciple du Christ, aujourd'hui. Est-ce que mes yeux sont vraiment ouverts pour voir mon Maître Ressuscité?

Moi qui vis dans une société laïcisée, une société qui souvent rejette ou, même, ridiculise le message évangélique. Est-ce que je me laisse aveugler par les propos de mon entourage, ces propos qui nient ou renient la présence de Dieu dans notre monde?

Moi qui assiste régulièrement à la messe, est-ce que j'accepte de porter mon regard sur le Christ Ressuscité et Vivant qui veut agir dans ma vie et dans la vie de mes frères et sœurs en humanité?

Ai-je parfois tendance à me laisser décourager et à m'attrister devant les événements qui se déroulent autour de moi?

Acclamation

Jésus, nous t'adorons et nous te bénissons pour ta Pâque. Toi le Ressuscité, tu donnes la Vie au monde!

CINQUIÈME STATION – ILS LE RECONNAISSENT À LA FRACTION DU PAIN

Texte biblique

Quand ils approchèrent du village où ils se rendaient, Jésus fit semblant d'aller plus loin. Mais ils s'efforcèrent de le retenir: « Reste avec nous, car le soir approche et déjà le jour baisse. »

Il entra donc pour rester avec eux.

Quand il fut à table avec eux, ayant pris le pain, il prononça la bénédiction et, l'ayant rompu, il le leur donna. Alors leurs yeux s'ouvrirent, et ils le reconnurent, mais il disparut à leurs regards. Ils se dirent l'un à l'autre: « Notre cœur n'était-il pas brûlant en nous, tandis qu'il nous parlait sur la route et nous ouvrait les Écritures? » (Lc 24,28-32)

Réflexion

Jésus marchait avec les pèlerins d'Emmaüs et il les enseignait. Et voici qu'il feint de poursuivre sa route. Ils sont libres de le laisser partir, ou de lui demander de rester avec eux. Jésus ne s'impose pas à eux. Il ne les oblige à rien… C'est eux qui choisissent de le retenir.

Tout comme pour Marie Madeleine, leurs yeux ne le reconnaissent pas tout de suite. Il leur faut un geste particulier : la fraction du pain, pour que leurs yeux s'ouvrent.

Pourtant, ils ont marché environ deux heures avec lui, en l'écoutant, en « buvant ses paroles ». Ils avaient le cœur brûlant à son écoute, comme ils devaient l'avoir aussi il y a quelques jours…

Actualisation

Mes yeux aussi sont parfois fermés devant la manifestation de Dieu sur ma route.

Quand Dieu parle à mon cœur, celui-ci s'enflamme-t-il, comme ce fut le cas pour les pèlerins d'Emmaüs, ou reste-t-il plutôt tiède?

Est-ce que je sais me laisser émerveiller à nouveau par la Parole de Dieu, même si je réentends les mêmes textes année après année?

Le Seigneur veut marcher à mes côtés et réchauffer mon âme et mon esprit par sa Parole de Vie et d'espérance.

Il m'invite à la fraction du pain avec mes frères et sœurs en humanité. Le pain de la table, le pain de la Parole, le pain de l'écoute, le pain de la fraternité, le pain de foi.

Acclamation

Jésus, nous t'adorons et nous te bénissons pour ta Pâque. Toi le Ressuscité, tu donnes la Vie au monde!

SIXIÈME STATION – JÉSUS SE MANIFESTE AUX DISCIPLES, PORTES CLOSES

Texte biblique

Lui-même fut présent au milieu d'eux, et leur dit: « La paix soit avec vous! » Saisis de frayeur et de crainte, ils croyaient voir un esprit. Jésus leur dit: « Pourquoi êtes-vous bouleversés?

Et pourquoi ces pensées qui surgissent dans votre cœur? Voyez mes mains et mes pieds: c'est bien moi! Touchez-moi, regardez : un esprit n'a pas de chair ni d'os comme vous constatez que j'en ai. » Après cette parole, il leur montra ses mains et ses pieds.

Dans leur joie, ils n'osaient pas encore y croire, et restaient saisis d'étonnement. Jésus leur dit: « Avez-vous ici quelque chose à manger? » Ils lui présentèrent une part de poisson grillé qu'il prit et mangea devant eux. (Lc 24,36b-43)

Réflexion

Les disciples étaient enfermés, cachés, dans un lieu clos. Ils craignaient les représailles de ceux qui avaient fait crucifier leur Rabbi. Les pèlerins d'Emmaüs étaient revenus raconter leur aventure. Et voici que Jésus apparaît, vivant, parlant, bougeant… Eux sont effrayés car, malgré ce que les femmes, puis les amis d'Emmaüs, leur ont rapporté, la nouvelle est difficile à croire. On peut comprendre que les disciples aient pu être incrédules.

Cependant, en voyant leur Maître venir dans la maison, en l'entendant, en le voyant manger… les doutes qui persistaient dans leur esprit sont dissipés. Ils ont eu besoin de voir de leurs yeux que Jésus était bel et bien revenu à la vie!

Actualisation

Deux millénaires plus tard, nous devons croire sans voir, sans toucher le corps de Jésus. Nous ne voyons pas son corps physique, mais nous pouvons voir sa présence sous divers traits.

N'est-il pas présent dans cet ami qui partage notre foi et notre joie? N'est-il pas aussi présent dans cette voisine qui me sourit. N'est-il pas présent dans cette personne qui me demande de l'aider par des gestes anodins du quotidien?

Jésus est aussi présent par sa Parole, par les sacrements, dont l'Eucharistie. Il se rend présent par cet auteur qui publie un commentaire biblique, dans ce prêtre ou ce diacre qui livre une homélie, dans cet animateur de groupe de réflexion, dans cette personne avec qui je peux partager, discuter, échanger au sujet de ma foi.

Acclamation

Jésus, nous t'adorons et nous te bénissons pour ta Pâque. Toi le Ressuscité, tu donnes la Vie au monde!

SEPTIÈME STATION – JÉSUS LEUR DONNE DE REMETTRE LES PÉCHÉS

Texte biblique

Le soir venu, en ce premier jour de la semaine, alors que les portes du lieu où se trouvaient les disciples étaient verrouillées par crainte des Juifs, Jésus vint, et il était là au milieu d'eux.

Il leur dit: « La paix soit avec vous! » Après cette parole, il leur montra ses mains et son côté. Les disciples furent remplis de joie en voyant le Seigneur.

Jésus leur dit de nouveau: « La paix soit avec vous! De même que le Père m'a envoyé, moi aussi, je vous envoie. »

Ayant ainsi parlé, il souffla sur eux et il leur dit: « Recevez l'Esprit Saint. À qui vous remettrez ses péchés, ils seront remis; à qui vous maintiendrez ses péchés, ils seront maintenus. » (Jn 20,19-23)

Réflexion

Jésus envoie ses disciples vers les pécheurs. Il leur donne de remettre les péchés, ce qui pour les juifs est un pouvoir divin. Dieu vient donc, au soir de la Résurrection, transmettre un pouvoir divin à ses proches disciples.

Au soir du dernier repas, il leur avait confié un mémorial : l'Eucharistie. Au soir de la Résurrection, il leur transmet l'Esprit qui leur permettra de discerner les péchés à remettre.

Jésus ressuscité fait confiance à ceux qui l'ont accompagné sur les routes pendant ces quelques années de son ministère public.

Ils ont été ses disciples, ses élèves, voici qu'ils deviennent ses apôtres, ses envoyés. Mais cet envoi se déroule graduellement, en respectant leur humanité, leur besoin de temps pour assimiler l'ampleur de leur nouveau ministère. Ce ministère qu'ils devront désormais assurer seuls, sans que le maître soit à leurs côtés.

Actualisation

Deux millénaires plus tard, c'est nous qui sommes maintenant au Cénacle, un peu craintifs face à la mission que le Christ veut, encore aujourd'hui, nous confier: évangéliser, répandre son Message, sa Bonne Nouvelle.

Le Seigneur connaît nos forces et nos charismes personnels. Il interpelle chacun et chacune d'entre nous à une mission particulière. Une mission qui respecte les capacités de chaque disciple.

Chaque disciple reçoit donc la force et le soutien de l'Esprit Saint pour accomplir la tâche que le Seigneur lui confie.

À moi de méditer et de trouver la mission qui est la mienne.

Acclamation

Jésus, nous t'adorons et nous te bénissons pour ta Pâque. Toi le Ressuscité, tu donnes la Vie au monde!

HUITIÈME STATION – JÉSUS CONFIRME LA FOI DE THOMAS

Texte biblique

Or, l'un des Douze, Thomas, appelé Didyme (c'est-à-dire Jumeau), n'était pas avec eux quand Jésus était venu. Les autres disciples lui disaient : « Nous avons vu le Seigneur! » Mais il leur déclara: « Si je ne vois pas dans ses mains la marque des clous, si je ne mets pas mon doigt dans la marque des clous, si je ne mets pas la main dans son côté, non, je ne croirai pas! »

Huit jours plus tard, les disciples se trouvaient de nouveau dans la maison, et Thomas était avec eux. Jésus vient, alors que les portes étaient verrouillées, et il était là au milieu d'eux.

Il dit: « La paix soit avec vous! » Puis il dit à Thomas: « Avance ton doigt ici, et vois mes mains ; avance ta main, et mets-la dans mon côté: cesse d'être incrédule, sois croyant. »

Alors Thomas lui dit: « Mon Seigneur et mon Dieu! » Jésus lui dit: « Parce que tu m'as vu, tu crois. Heureux ceux qui croient sans avoir vu. » (Jn 20,24-29)

Réflexion

Thomas a eu besoin de voir par lui-même, de pouvoir lui-même toucher son Rabbi, pour croire en la Résurrection.

Jésus a toujours su respecter les limites de ses disciples. C'est ainsi qu'il s'est manifesté, une semaine après sa Résurrection, alors que son incrédule disciple était présent avec la jeune communauté. Il avait pourtant vu Jésus guérir des malades, chasser des démons, et combien d'autres signes, au cours des mois où il le suivait sur les routes de Galilée et des alentours.

Cependant, on ne peut pas vraiment lui reprocher d'avoir eu peine à croire ce que ses amis lui racontaient de cette mystérieuse rencontre avec leur maître.

Actualisation

Pour moi, disciple du Ressuscité, m'arrive-t-il d'agir comme Thomas, dans ma vie quotidienne?

Est-ce que j'ai parfois tendance à demander des preuves tangibles de la présence et de l'action du Christ dans la société où je vis?

M'arrive-t-il d'avoir des doutes, des hésitations, des blocages, lorsque je suis appelé à témoigner de ma foi?

Ai-je besoin de voir et toucher pour accepter de m'engager à la suite de Jésus?

Pourtant, depuis près de deux mille ans, des témoins prennent parole pour annoncer et affirmer, parfois même au prix de leur vie, leur foi en Jésus-Fils-de-Dieu.

Mais, dans ces moments-là, le Seigneur attend discrètement l'instant idéal pour venir parler à mon cœur. Il s'adresse à moi dans l'intimité de mon âme et m'aide à reprendre confiance en Lui. Il est tellement patient, mon Dieu d'amour et de tendresse…

Acclamation

Jésus, nous t'adorons et nous te bénissons pour ta Pâque. Toi le Ressuscité, tu donnes la Vie au monde!

NEUVIÈME STATION – IL SE MANIFESTE AU BORD DU LAC DE TIBÉRIADE

Texte biblique

Au lever du jour, Jésus se tenait sur le rivage, mais les disciples ne savaient pas que c'était lui. Jésus leur dit: « Les enfants, auriez-vous quelque chose à manger? » Ils lui répondirent: « Non. »

Il leur dit: « Jetez le filet à droite de la barque, et vous trouverez. » Ils jetèrent donc le filet, et cette fois ils n'arrivaient pas à le tirer, tellement il y avait de poissons.

Alors, le disciple que Jésus aimait dit à Pierre: « C'est le Seigneur! »

Quand Simon-Pierre entendit que c'était le Seigneur, il passa un vêtement, car il n'avait rien sur lui, et il se jeta à l'eau. (Jn 21,4-8a)

Réflexion

Encore une fois, Jésus se manifeste à ses disciples et ils ne le reconnaissent pas tout de suite.

Encore une fois, ils ont besoin d'un signe, un signe tangible, pour voir que cet homme qui se tient sur le rivage est leur Rabbi.

Jésus choisit donc de les interpeller à travers un double signe : la faim et la pêche. En effet, la faim « physique » est symbole de leur faim « spirituelle ». Le nombre de poissons recueillis les assurera d'assouvir amplement leur faim physique et leur permettra même de nourrir d'autres personnes.

Par contre, cette pêche miraculeuse a aussi un sens symbolique. Quelques versets plus loin, le texte révèle le nombre exact de poissons: cent cinquante-trois… le nombre d'espèces de poissons connues à cette époque. C'est là un autre symbole qui révèle qu'ils amèneront à Jésus des disciples issus de toutes les nations.

Et Pierre qui, dans sa fougue notoire, se jette à l'eau dès qu'il comprend que c'est le Seigneur qui vient de les interpeller!

Actualisation

Marc et Matthieu rapportent que Jésus, lorsqu'il appela ses premiers disciples, leur a annoncé qu'il ferait d'eux des « pêcheurs d'hommes ».

Jean, à la fin de son récit évangélique, apporte la confirmation, symbolique, de cette promesse.

Aujourd'hui, lorsque le Christ m'appelle à apporter sa Bonne Nouvelle à mon entourage, suis-je aussi empressé de me « jeter à l'eau », comme le fit Pierre au moment où il réalisa que Jésus l'interpellait sur la rive? Suis-je empressé de me rapprocher de Jésus, comme Pierre qui a préféré nager vers lui, car la barque était trop lente pour combler son désir de revenir vers son Rabbi?

Les disciples devaient être déçus de n'avoir rien pris cette nuit-là… mais Jésus leur dit de jeter à nouveau leurs filets et voici que la pêche est abondante.

Pour moi, aujourd'hui, lorsque je ressens de la déception quand il me semble que mes efforts de témoigner de ma foi sont infructueux, ne devrai-je pas me remémorer ce récit de Jean?

Acclamation

Jésus, nous t'adorons et nous te bénissons pour ta Pâque. Toi le Ressuscité, tu donnes la Vie au monde!

DIXIÈME STATION – JÉSUS CONFIE À PIERRE SON TROUPEAU

Texte biblique

Quand ils eurent mangé, Jésus dit à Simon-Pierre: « Simon, fils de Jean, m'aimes-tu vraiment, plus que ceux-ci? » Il lui répond: « Oui, Seigneur! Toi, tu le sais: je t'aime. » Jésus lui dit: « Sois le berger de mes agneaux. »

Il lui dit une deuxième fois: « Simon, fils de Jean, m'aimes-tu vraiment? » Il lui répond: « Oui, Seigneur! Toi, tu le sais : je t'aime. » Jésus lui dit: « Sois le pasteur de mes brebis. »

Il lui dit, pour la troisième fois: « Simon, fils de Jean, m'aimes-tu? » Pierre fut peiné parce que, la troisième fois, Jésus lui demandait: « M'aimes-tu? » Il lui répond: « Seigneur, toi, tu sais tout: tu sais bien que je t'aime. » Jésus lui dit: « Sois le berger de mes brebis. » (Jn 21,15-17)

Réflexion

Jésus avait été le Maître, le Rabbi, le Guide pour ses disciples depuis environ trois ans. Au cours de ces années à les enseigner, à les former, à les préparer à annoncer la nouvelle Loi qui mène au Royaume de Dieu, il est temps pour lui de les envoyer en mission.

Mais il doit d'abord s'assurer qu'ils auront un berger, un guide, pour les aider à avancer sur les nouveaux chemins qui s'ouvrent devant leur pas.

C'est ainsi qu'il choisit Simon-Pierre pour chef de la nouvelle communauté. Cet homme fougueux et déterminé, qui l'a suivi partout, sauf à la Croix. Malgré que celui-ci l'ait renié, Jésus lui fait confiance, puisqu'il a été capable de pleurer son erreur et de se reprendre. Pierre, homme imparfait, sera donc le « chef des apôtres ».

Actualisation

Le Seigneur sait bien nos fragilités. Il n'a pas choisi le plus doux, le plus raffiné de ses proches disciples pour chef de la communauté. Non, il a confié son Église naissante à celui qui, dans un passé pas si lointain, a douté lorsque son Maître l'a fait marcher sur l'eau; celui qui a failli à sa parole, en le reniant à trois reprises en quelques minutes.

Jésus lui a pourtant confié la charge d'être la pierre, le roc, où les apôtres allaient pouvoir s'appuyer dans leur mission.

Encore aujourd'hui, le Christ appelle des hommes et des femmes imparfaits, mais sincères, à sa suite. Il ne craint pas nos moments d'hésitation, de doute, d'incertitude. Il a sondé le cœur de chacun et chacune de nous, pour y trouver la terre fertile où semer son Évangile. Et il nous assure d'être là, tout près de notre cœur pour le réchauffer au moment où notre ardeur se refroidira.

Acclamation

Jésus, nous t'adorons et nous te bénissons pour ta Pâque. Toi le Ressuscité, tu donnes la Vie au monde!

ONZIÈME STATION – JÉSUS ENVOIE SES DISCIPLES ÉVANGÉLISER

Texte biblique

Puis il leur dit: « Allez dans le monde entier. Proclamez l'Évangile à toute la création. Celui qui croira et sera baptisé sera sauvé ; celui qui refusera de croire sera condamné. » [...]

Le Seigneur Jésus, après leur avoir parlé, fut enlevé au ciel et s'assit à la droite de Dieu.

Quant à eux, ils s'en allèrent proclamer partout l'Évangile. Le Seigneur travaillait avec eux et confirmait la Parole par les signes qui l'accompagnaient. (Mc 16, 15-16.19-20)

Réflexion

Jésus envoie donc ses proches disciples proclamer et répandre le Message qu'il est venu livrer à l'Humanité.

Eux qui s'étaient enfermés dans le cénacle sont envoyés par leur Rabbi sur les routes du monde, vers les périphéries, porter l'Évangile ouvertement, sans crainte ni secret. Ils doivent sortir de leur communauté, pour aller vers les confins du monde. Ils ne doivent plus garder pour eux le récit de leur aventure sur les routes de Galilée ni les événements des derniers jours.

Actualisation

Et moi, disciple du Christ vivant deux millénaires après ces événements, ai-je l'audace de répandre la Bonne Nouvelle autour de moi?

Évangéliser passe par la parole, mais aussi par les actes, les gestes que je pose. Ma façon d'accueillir le pauvre, le malade, le désemparé... La façon que j'ai de consoler, nourrir, soutenir la personne qui croise ma route. Mais aussi les gestes que je refuse de poser, les paroles que je refuse de prononcer, sont des occasions d'affirmer ma foi, ma croyance et mon adhésion au Message de Jésus.

Ce sont là diverses manières de montrer à ceux et celles qui m'entourent que je marche sur les pas de Jésus.

Il me faut, de même, être disponible et disposé à témoigner de ma foi avec un air joyeux et enthousiaste, si je veux remplir ma mission de baptisé et apporter le Christ à ceux et celles qui me côtoient.

Acclamation

Jésus, nous t'adorons et nous te bénissons pour ta Pâque. Toi le Ressuscité, tu donnes la Vie au monde!

DOUZIÈME STATION – JÉSUS EST ÉLEVÉ AU CIEL

Texte biblique

Puis Jésus les emmena au dehors, jusque vers Béthanie; et, levant les mains, il les bénit.

Or, tandis qu'il les bénissait, il se sépara d'eux et il était emporté au ciel. Ils se prosternèrent devant lui, puis ils retournèrent à Jérusalem, en grande joie. (Lc 24,50-52)

Réflexion

Jésus, dans les jours qui ont suivi sa Résurrection, s'est manifesté quelques fois à ses disciples. Il leur a ainsi confirmé qu'il était revenu à la vie.

Il a aussi, à ces occasions, livré ce qu'on pourrait appeler « ses dernières instructions » pour bien assumer la mission qu'il leur confie.

Cette mission d'aller vers toutes les nations pour porter la Bonne Nouvelle, l'Évangile, afin de faire des disciples.

Même s'il paraît les laisser à eux-mêmes, il les assure de son soutien, du soutien de l'Esprit Saint qui viendra bientôt sur eux.

Et le texte affirme qu'ils se sont prosternés devant lui et ont repris la route dans la joie. La prosternation, marque d'immense respect, et la grande joie montrent que la mission à venir n'est pas un fardeau impossible à porter.

Actualisation

Deux millénaires plus tard, me voici appelé à être un disciple et un apôtre.

Un disciple est un apprenti, quelqu'un qui apprend d'un « maître »; un apôtre est un « envoyé ».

Je dois donc apprendre à lire et relire les Écritures, c'est vrai. Cependant, je suis surtout appelé à annoncer l'Évangile.

Annoncer l'Évangile ne signifie pas de lire des textes bibliques à tout venant, à tout moment. Cela signifie répandre la Joie de l'Évangile autour de moi, par mon comportement, mon accueil, ma joie…

En fait, être un apôtre est bien plus souvent une manière d'agir, une façon de vivre, que de prêcher par des paroles. Prendre le temps de sourire au jeune homme de la porte d'à côté, plutôt que de lui reprocher sa tenue vestimentaire, l'écouter me dire ses états d'âme, même si sa perception de la vie n'est pas la même que moi… Prendre le temps de parler, d'échanger avec cette jeune fille qui vit à la porte d'en face, pour comprendre pourquoi elle a choisi de ne pas se marier. Prendre le temps d'expliquer, à mon tour, ma façon de voir les choses. Tout cela dans le respect mutuel, sans préjugés ni animosité.

Acclamation

Jésus, nous t'adorons et nous te bénissons pour ta Pâque. Toi le Ressuscité, tu donnes la Vie au monde!

TREIZIÈME STATION – MARIE ET LES APÔTRES PRIENT D'UN SEUL CŒUR

Texte biblique

Alors, ils retournèrent à Jérusalem depuis le lieu-dit « mont des Oliviers » qui en est proche, – la distance de marche ne dépasse pas ce qui est permis le jour du sabbat.

À leur arrivée, ils montèrent dans la chambre haute où ils se tenaient habituellement; c'était Pierre, Jean, Jacques et André, Philippe et Thomas, Barthélemy et Matthieu, Jacques fils d'Alphée, Simon le Zélote, et Jude fils de Jacques.

Tous, d'un même cœur, étaient assidus à la prière, avec des femmes, avec Marie la mère de Jésus, et avec ses frères. (Ac 1,12-14)

Réflexion

Les apôtres viennent de voir Jésus s'élever au ciel, ils sont au mont des Oliviers, à quelques pas, donc, du lieu où Jésus avait prié si intensément au soir de son arrestation. Ils se rassemblent, avec d'autres disciples, des femmes et la Mère.

Ils ont maintenant compris quelle était la mission que leur Rabbi venait de leur confier. Cependant, ils savent qu'il leur manque encore un soutien, une aide, pour remplir adéquatement leur apostolat. Ils attendent donc, ensemble, ce souffle vivifiant que leur a promis Jésus.

Ils prient ensemble, avec ferveur, et se soutiennent les uns les autres. Marie, elle, est là comme une mère.

Actualisation

De mon côté, je sais bien qu'à mon baptême, j'ai reçu cette mission de porter l'Évangile autour de moi.

C'est vrai que, parfois, j'ai l'impression que la tâche est beaucoup trop grande pour moi… Je ne suis qu'un simple être humain. J'ai beau avoir la conviction que ma foi n'est pas vaine, il m'arrive de me dire que je ne suis pas assez bien formé, pas assez instruit, pas assez connaisseur, pas assez…

Je dois donc prier pour que l'Esprit Saint vienne à mon aide.

Et je dois aussi me souvenir que, comme le vieil adage le dit si bien, on n'est pas chrétien tout seul. C'est-à-dire que je ne dois jamais oublier qu'il n'y a aucune honte, bien au contraire, à demander à mes frères et sœurs dans la foi de prier avec moi.

Acclamation

Jésus, nous t'adorons et nous te bénissons pour ta Pâque. Toi le Ressuscité, tu donnes la Vie au monde!

QUATORZIÈME STATION – LA PENTECÔTE

Texte biblique

Quand arriva le jour de la Pentecôte, au terme des cinquante jours, ils se trouvaient réunis tous ensemble.

Soudain un bruit survint du ciel comme un violent coup de vent: la maison où ils étaient assis en fut remplie tout entière.

Alors leur apparurent des langues qu'on aurait dites de feu, qui se partageaient, et il s'en posa une sur chacun d'eux. Tous furent remplis d'Esprit Saint: ils se mirent à parler en d'autres langues, et chacun s'exprimait selon le don de l'Esprit. (Ac 2, 1-4)

Réflexion

Les disciples réunis dans la maison sont secoués par un grand bruit, un violent coup de vent. Eux qui étaient encore dans l'obscurité de l'incertitude, sont éclairés par des langues de feu.

Dans ce texte, plusieurs éléments soulignent la présence et la manifestation de l'Esprit divin: le grand bruit venu du ciel, le vent qui souffle, le feu qui illumine.

Les disciples sont alors « remplis d'Esprit Saint ». Le texte mentionne qu'ils se sont mis à parler en d'autres langues, signe que leur mission est d'aller porter le Message à toutes les nations.

Actualisation

Deux millénaires plus tard, moi aussi je suis appelé à répandre l'Évangile. Je suis appelé à parler en d'autres langues… Peut-être que je ne parlerai pas d'autres langues « ethniques », mais parler un langage actuel, que les personnes autour de moi vont comprendre.

La Bonne Nouvelle est la même depuis près de deux mille ans, mais je dois adapter la façon de l'annoncer.

Et, tout comme les disciples de la Pentecôte, je ne pourrai pas m'acquitter de ma part de l'évangélisation si je ne fais pas appel à l'Esprit Saint qui m'a été donné à mon baptême et à ma confirmation.

Seul, la tâche serait trop lourde, mais si je me confie, dans la prière, la confiance et la fidélité, à l'Esprit, il m'inspirera les mots et les gestes adéquats pour être crédible.

Acclamation

Jésus, nous t'adorons et nous te bénissons pour ta Pâque. Toi le Ressuscité, tu donnes la Vie au monde!

CONCLUSION

Nous qui avons suivi le Christ sur le chemin douloureux de sa Passion, nous nous sommes réjouis devant le Tombeau vide.

Nous avons ensuite emprunté une route lumineuse, dès le matin de Pâques, une route qui nous a menés à l'événement de la Pentecôte.

Notre joie nous a guidés sur ce chemin et les récits que nous avons lu ont éclairé et réchauffé notre cœur.

Les pèlerins d'Emmaüs qui ont senti leur cœur brûlant à l'écoute du Maître ont bravé la route nocturne pour courir annoncer leur rencontre avec le Ressuscité. Comme eux nous devons, à notre tour, laisser l'Esprit brûler notre cœur.

Allons dès maintenant annoncer, à notre façon, l'Évangile autour de nous. Que, par nos paroles et nos gestes, par notre exemple et nos agirs, nous répandions la joie et la paix qui animent notre âme et notre esprit.

Printed by Books on Demand GmbH, Norderstedt / Germany